약사경 사경

KB213098

藥師琉璃光如來本願功德經

약사유리광여래본원공덕경

唐 三藏法師 玄奘 譯

운주사

讚五分香偈
찬 오 분 향 게

戒香　定香　慧香　解脫香
계향　정향　혜향　해탈향

解脫知見香　光明雲臺　周
해탈지견향　광명운대　주

邊法界　供養十方無量佛法
변법계　공양시방무량불법

僧
승

獻香眞言
헌향진언

옴 바아라 도비야 훔

開經偈
개경게

無上甚深微妙法
무 상 심 심 미 묘 법

百天萬劫難遭遇
백 천 만 겁 난 조 우

我今聞見得受持
아 금 문 견 득 수 지

願解如來眞實義
원 해 여 래 진 실 의

開法藏眞言
개 법 장 진 언

옴 아라남 아라다

藥師三尊
약 사 삼 존

南無藥師琉璃光如來
나 무 약 사 유 리 광 여 래

日光徧照菩薩摩訶薩
일 광 변 조 보 살 마 하 살

月光徧照菩薩摩訶薩
월 광 변 조 보 살 마 하 살

藥師琉璃光如來本願功德經
약 사 유 리 광 여 래 본 원 공 덕 경

如是我聞 一時 薄伽梵 遊
여 시 아 문　일 시　박 가 범　유

化諸國 至廣嚴城 住樂音
화 제 국　지 광 엄 성　주 락 음

樹下 與大苾芻衆 八千人
수 하　여 대 필 추 중　팔 천 인

俱 菩薩摩訶薩 三萬六千
구　보 살 마 하 살　삼 만 육 천

及國王大臣 婆羅門居士 天
급 국 왕 대 신　바 라 문 거 사　천

龍藥叉 人非人等 無量大
룡 약 차　인 비 인 등　무 량 대

衆 恭敬圍繞 而爲說法
중　공 경 위 요　이 위 설 법

爾時 曼殊室利法王子 承
이 시　만 수 실 리 법 왕 자　승

佛威神 從座而起 偏袒一
불위신 종좌이기 편단일

肩 右膝著地 向薄伽梵 曲
견 우슬착지 향박가범 곡

躬合掌白言 世尊 惟願演
궁합장백언 세존 유원연

說 如是相類 諸佛名號 及
설 여시상류 제불명호 급

本大願 殊勝功德 令諸聞
본대원 수승공덕 영제문

者 業障銷除 爲欲利樂 像
자 업장소제 위욕이락 상

法轉時 諸有情故
법전시 제유정고

爾時 世尊讚曼殊室利童子
이시 세존찬만수실리동자

言 善哉善哉曼殊室利 汝
언 선재선재만수실리 여

以大悲 勸請我說 諸佛名
이대비 권청아설 제불명

號 本願功德 爲拔業障所
호 본원공덕 위발업장소

纏有情 利益安樂 像法轉
전유정 이익안락 상법전

時 諸有情故 汝今諦聽 極
시 제유정고 여금제청 극

善思惟 當爲汝說
선사유 당위여설

曼殊室利言 唯然願說 我
만수실리언 유연원설 아

等樂聞 佛告曼殊室利 東
등락문 불고만수실리 동

方去此過 十殑伽沙等佛土
방거차과 십긍가사등불토

有世界 名淨琉璃 佛號藥
유세계 명정유리 불호약

師琉璃光如來 應正等覺 明
사유리광여래 응정등각 명

行圓滿 善逝 世間解 無上
행원만 선서 세간해 무상

9

士 調御丈夫 天人師 佛薄
사　조 어 장 부　천 인 사　불 박

伽梵
가　범

曼殊室利 彼佛世尊藥師琉
만 수 실 리　피 불 세 존 약 사 유

璃光如來 本行菩薩道時 發
리 광 여 래　본 행 보 살 도 시　발

十二大願 令諸有情 所求
십 이 대 원　영 제 유 정　소 구

皆得
개 득

第一大願 願我來世 得阿
제 일 대 원　원 아 내 세　득 아

耨多羅三藐三菩提時 自身
뇩 다 라 삼 막 삼 보 리 시　자 신

光明 熾然照曜 無量無數
광 명　치 연 조 요　무 량 무 수

無邊世界 以三十二大丈夫
무 변 세 계　이 삼 십 이 대 장 부

相　八十隨好　莊嚴其身　令
상　팔십수호　장엄기신　영

一切有情　如我無異
일체유정　여아무이

第二大願　願我來世　得菩
제이대원　원아내세　득보

提時　身如琉璃　內外明徹
리시　신여유리　내외명철

淨無瑕穢　光明廣大　功德
정무하예　광명광대　공덕

巍巍　身善安住　焰網莊嚴
외외　신선안주　염망장엄

過於日月　幽冥眾生　悉蒙
과어일월　유명중생　실몽

開曉　隨意所趣　作諸事業
개효　수의소취　작제사업

第三大願　願我來世　得菩
제삼대원　원아내세　득보

提時　以無量無邊　智慧方
리시　이무량무변　지혜방

11

便　令諸有情　皆得無盡　所
편　영제유정　개득무진　소

受用物　莫令衆生　有所乏　少
수용물　막령중생　유소핍　소

第四大願　願我來世　得菩
제사대원　원아내세　득보

提時　若諸有情　行邪道者
리시　약제유정　행사도자

悉令安住　菩提道中　若行
실령안주　보리도중　약행

聲聞獨覺乘者　皆以大乘　而
성문독각승자　개이대승　이

安立之
안립지

第五大願　願我來世　得菩
제오대원　원아내세　득보

提時　若有無量無邊有情　於
리시　약유무량무변유정　어

我法中　修行梵行　一切皆
아법중　수행범행　일체개

令 得 不 缺 戒　　具 三 聚 戒　　設
령　득　불　결　계　　구　삼　취　계　　설

有 毀 犯　　聞 我 名 已　　還 得 清
유　훼　범　　문　아　명　이　　환　득　청

淨　不 墮 惡 趣
정　불　타　악　취

第 六 大 願　　願 我 來 世　　得 菩
제　육　대　원　　원　아　내　세　　득　보

提 時　　若 諸 有 情　　其 身 下 劣
리　시　　약　제　유　정　　기　신　하　열

諸 根 不 具　　醜 陋 頑 愚　　盲 聾
제　근　불　구　　추　루　완　우　　맹　롱

瘖 瘂　　攣 躄 背 僂　　白 癩 癲 狂
음　아　　연　벽　배　루　　백　라　전　광

種 種 病 苦　　聞 我 名 已　　一 切
종　종　병　고　　문　아　명　이　　일　체

皆 得　　端 正 黠 慧　　諸 根 完 具
개　득　　단　정　할　혜　　제　근　완　구

無 諸 疾 苦
무　제　질　고

第七大願　願我來世　得菩
제 칠 대 원　원 아 내 세　득 보

提時時　若諸有情　衆病逼
리 시 시　약 제 유 정　중 병 핍

切　無救無歸　無醫無藥　無
절　무 구 무 귀　무 의 무 약　무

親無家　貧窮多苦　我之名
친 무 가　빈 궁 다 고　아 지 명

號　一經其耳　衆病悉除　身
호　일 경 기 이　중 병 실 제　신

心安樂　家屬資具　悉皆豐
심 안 락　가 속 자 구　실 개 풍

足　乃至證得無上菩提
족　내 지 증 득 무 상 보 리

第八大願　願我來世　得菩
제 팔 대 원　원 아 내 세　득 보

提時　若有女人　爲女百惡
리 시　약 유 여 인　위 녀 백 악

之所逼惱　極生厭離　願捨
지 소 핍 뇌　극 생 염 리　원 사

女身 聞我名已 一切皆得
여신 문아명이 일체개득

轉女成男 具丈夫相 乃至
전녀성남 구장부상 내지

證得無上菩提
증득무상보리

第九大願 願我來世 得菩
제구대원 원아내세 득보

提時 令諸有情 出魔羂網
리시 영제유정 출마견망

解脫一切外道纏縛 若墮種
해탈일체외도전박 약타종

種 惡見稠林 皆當引攝 置
종 악견조림 개당인섭 치

於正見 漸令修習 諸菩薩
어정견 점령수습 제보살

行 速證無上正等菩提
행 속증무상정등보리

第十大願 願我來世 得菩
제십대원 원아내세 득보

提時 若諸有情 王法所錄
리시 약제유정 왕법소록

縲縛鞭撻 繫閉牢獄 或當
류박편달 계폐뇌옥 혹당

刑戮 及餘無量災難 凌辱
형륙 급여무량재난 능욕

悲愁煎迫 身心受苦 若聞
비수전박 신심수고 약문

我名 以我福德 威神力故
아명 이아복덕 위신력고

皆得解脫 一切憂苦
개득해탈 일체우고

第十一大願 願我來世 得
제십일대원 원아내세 득

菩提時 若諸有情 飢渴所
보리시 약제유정 기갈소

惱 爲求食故 造諸惡業 得
뇌 위구식고 조제악업 득

聞我名 專念受持 我當先
문아명 전념수지 아당선

16

以上妙飲食 飽足其身 後
이 상 묘 음 식　　포 족 기 신　　후

以法味 畢竟安樂 而建立之
이 법 미　　필 경 안 락　　이 건 립 지

第十二大願 願我來世 得
제 십 이 대 원　　원 아 내 세　　득

菩提時 若諸有情 貧無衣
보 리 시　　약 제 유 정　　빈 무 의

服 蚊虻寒熱 晝夜逼惱 若
복　　문 맹 한 열　　주 야 핍 뇌　　약

聞我名 專念受持 如其所
문 아 명　　전 념 수 지　　여 기 소

好 卽得種種 上妙衣服 亦
호　　즉 득 종 종　　상 묘 의 복　　역

得一切寶莊嚴具 華鬘塗香
득 일 체 보 장 엄 구　　화 만 도 향

鼓樂衆伎 隨心所翫 皆令
고 악 중 기　　수 심 소 완　　개 령

滿足
만 족

曼殊室利 是爲彼世尊藥師
만 수 실 리　시 위 피 세 존 약 사

琉璃光如來　應正等覺　行
유 리 광 여 래　응 정 등 각　행

菩薩道時　所發十二微妙上
보 살 도 시　소 발 십 이 미 묘 상

願
원

復次曼殊室利　彼世尊藥師
부 차 만 수 실 리　피 세 존 약 사

琉璃光如來　行菩薩道時　所
유 리 광 여 래　행 보 살 도 시　소

發大願　及彼佛土　功德莊
발 대 원　급 피 불 토　공 덕 장

嚴　我若一劫　若一劫餘　說
엄　아 약 일 겁　약 일 겁 여　설

不能盡　然彼佛土　一向淸
불 능 진　연 피 불 토　일 향 청

淨　無有女人　亦無惡趣　及
정　무 유 여 인　역 무 악 취　급

苦音聲　琉璃爲地　金繩界
고 음 성　유 리 위 지　금 승 계

道　城闕宮閣　軒窓羅網　皆
도　성 궐 궁 각　헌 창 라 망　개

七寶成　亦如西方極樂世界
칠 보 성　역 여 서 방 극 락 세 계

功德莊嚴　等無差別　於其
공 덕 장 엄　등 무 차 별　어 기

國中　有二菩薩摩訶薩　一
국 중　유 이 보 살 마 하 살　일

名日光遍照　二名月光遍照
명 일 광 변 조　이 명 월 광 변 조

是彼無量無數　菩薩衆之上
시 피 무 량 무 수　보 살 중 지 상

首　悉能持彼　世尊藥師琉
수　실 능 지 피　세 존 약 사 유

璃光如來　正法寶藏　是故
리 광 여 래　정 법 보 장　시 고

曼殊室利　諸有信心　善男
만 수 실 리　제 유 신 심　선 남

子善女人等　應當願生　彼
자 선 여 인 등　응 당 원 생　피

佛世界
불 세 계

爾時　世尊復告曼殊師利童
이 시　세 존 부 고 만 수 사 리 동

子言　曼殊室利　有諸衆生
자 언　만 수 실 리　유 제 중 생

不識善惡　唯懷貪悋　不知
불 식 선 악　유 회 탐 린　부 지

布施　及施果報　愚癡無智
보 시　급 시 과 보　우 치 무 지

闕於信根　多聚財寶　勤加
궐 어 신 근　다 취 재 보　근 가

守護　見乞者來　其心不喜
수 호　견 걸 자 래　기 심 불 희

設不獲已　而行施時　如割
설 불 획 이　이 행 시 시　여 할

身肉　深生痛惜　復有無量
신 육　심 생 통 석　부 유 무 량

慳貪有情 積集資財 於其
간 탐 유 정 적 집 자 재 어 기

自身 尚不受用 何況能與
자 신 상 불 수 용 하 황 능 여

父母妻子奴婢 作使及來乞
부 모 처 자 노 비 작 사 급 래 걸

者 彼諸有情 從此命終 生
자 피 제 유 정 종 차 명 종 생

餓鬼界 或傍生趣 由昔人
아 귀 계 혹 방 생 취 유 석 인

間 曾得暫聞 藥師琉璃光
간 증 득 잠 문 약 사 유 리 광

如來名故 念在惡趣 暫得
여 래 명 고 염 재 악 취 잠 득

憶念 彼如來名 卽於念時
억 념 피 여 래 명 즉 어 념 시

從彼處沒 還生人中 得宿
종 피 처 몰 환 생 인 중 득 숙

命念 畏惡趣苦 不樂欲樂
명 념 외 악 취 고 불 락 욕 락

好行惠施　讚歎施者　一切
호　행　혜　시　　찬　탄　시　자　　일　체

所有　悉無貪惜　漸次尚能
소　유　　실　무　탐　석　　점　차　상　능

以頭目手足　血肉身分　施
이　두　목　수　족　　혈　육　신　분　　시

來求者　況餘財物
래　구　자　　황　여　재　물

復次曼殊室利　若諸有情　雖
부　차　만　수　실　리　　약　제　유　정　　수

於如來　受諸學處　而破尸
어　여　래　　수　제　학　처　　이　파　시

羅　有雖不破尸羅　而破軌
라　　유　수　불　파　시　라　　이　파　궤

則　有於尸羅軌則　雖得不
칙　　유　어　시　라　궤　칙　　수　득　불

壞　然毀正見　有雖不毀正
괴　　연　훼　정　견　　유　수　불　훼　정

見　而棄多聞　於佛所說　契
견　　이　기　다　문　　어　불　소　설　　계

經深義
경 심 의

不能解了
불 능 해 료

有雖多
유 수 다

聞
문

而增上慢
이 증 상 만

由增上慢
유 증 상 만

覆
부

蔽心故
폐 심 고

自是非他
자 시 비 타

嫌謗正
혐 방 정

法
법

爲魔伴黨
위 마 반 당

如是愚人
여 시 우 인

自
자

行邪見
행 사 견

復令無量
부 령 무 량

俱胝有
구 지 유

情
정

墮大險坑
타 대 험 갱

此諸有情
차 제 유 정

應
응

於地獄
어 지 옥

傍生鬼趣
방 생 귀 취

流轉無
유 전 무

窮
궁

若得聞此
약 득 문 차

藥師琉璃光
약 사 유 리 광

如來名號
여 래 명 호

便捨惡行
변 사 악 행

修諸
수 제

善法
선 법

不墮惡趣
불 타 악 취

設有不能
설 유 불 능

23

捨諸惡行 修行善法 墮惡
사 제 악 행　수 행 선 법　타 악

趣者 以彼如來本願威力 令
취 자　이 피 여 래 본 원 위 력　영

其現前 暫聞名號 從彼命
기 현 전　잠 문 명 호　종 피 명

終 還生人趣 得正見精進
종　환 생 인 취　득 정 견 정 진

善調意樂 便能捨家 趣於
선 조 의 락　편 능 사 가　취 어

非家 如來法中 受持學處
비 가　여 래 법 중　수 지 학 처

無有毀犯 正見多聞 解甚
무 유 훼 범　정 견 다 문　해 심

深義 離增上慢 不謗正法
심 의　이 증 상 만　불 방 정 법

不爲魔伴 漸次修行 諸菩
불 위 마 반　점 차 수 행　제 보

薩行 速得圓滿
살 행　속 득 원 만

復次曼殊室利 若諸有情 慳
부 차 만 수 실 리 약 제 유 정 간

貪 嫉 妒 自 讚 毀 他 當 墮 三
탐 질 투 자 찬 훼 타 당 타 삼

惡 趣 中 無 量 千 歲 受 諸 劇
악 취 중 무 량 천 세 수 제 극

苦 受 劇 苦 已 從 彼 命 終 來
고 수 극 고 이 종 피 명 종 내

生 人 間 作 牛 馬 駝 驢 恒 被
생 인 간 작 우 마 타 려 항 피

鞭 撻 飢 渴 逼 惱 又 常 負 重
편 달 기 갈 핍 뇌 우 상 부 중

隨 路 而 行 或 得 爲 人 生 居
수 로 이 행 혹 득 위 인 생 거

下 賤 作 人 奴 婢 受 他 驅 役
하 천 작 인 노 비 수 타 구 역

恒 不 自 在 若 昔 人 中 曾 聞
항 불 자 재 약 석 인 중 증 문

世 尊 藥 師 琉 璃 光 如 來 名 號
세 존 약 사 유 리 광 여 래 명 호

由此善因 今復憶念 至心
유 차 선 인　금 부 억 념　지 심

歸依 以佛神力 衆苦解脫
귀 의　이 불 신 력　중 고 해 탈

諸根聰利 智慧多聞 恒求
제 근 총 리　지 혜 다 문　항 구

勝法 常遇善友 永斷魔羂
승 법　상 우 선 우　영 단 마 견

破無明殼 竭煩惱河 解脫
파 무 명 각　갈 번 뇌 하　해 탈

一切生老病死 憂愁苦惱
일 체 생 로 병 사　우 수 고 뇌

復次曼殊室利 若諸有情 好
부 차 만 수 실 리　약 제 유 정　호

憙乖離 更相鬪訟 惱亂自
희 괴 리　갱 상 투 송　뇌 란 자

他 以身語意 造作增長 種
타　이 신 어 의　조 작 증 장　종

種惡業 展轉常為不饒益事
종 악 업　전 전 상 위 불 요 익 사

互相謀害　告召山林樹塚等
호 상 모 해　고 소 산 림 수 총 등

神　殺諸衆生　取其血肉　祭
신　살 제 중 생　취 기 혈 육　제

祀藥叉羅刹娑等　書怨人名
사 약 차 라 찰 사 등　서 원 인 명

作其形像　以惡呪術　而呪
작 기 형 상　이 악 주 술　이 주

詛之　厭魅蠱道　呪起屍鬼
저 지　염 매 고 도　주 기 시 귀

令斷彼命　及壞其身　是諸
영 단 피 명　급 괴 기 신　시 제

有情　若得聞此　藥師琉璃
유 정　약 득 문 차　약 사 유 리

光如來名號　彼諸惡事　悉
광 여 래 명 호　피 제 악 사　실

不能害　一切展轉　皆起慈
불 능 해　일 체 전 전　개 기 자

心　利益安樂　無損惱意　及
심　이 익 안 락　무 손 뇌 의　급

嫌恨心　各各歡悅　於自所
혐 한 심　각 각 환 열　어 자 소

受　生於喜足　不相侵凌　互
수　생 어 희 족　불 상 침 릉　호

爲饒益
위 요 익

復次曼殊室利　若有四衆　苾
부 차 만 수 실 리　약 유 사 중　필

芻苾芻尼　鄔波索迦鄔波斯
추 필 추 니　오 바 색 가 오 바 사

迦　及餘淨信　善男子善女
가　급 여 정 신　선 남 자 선 여

人等　有能受持　八分齋戒
인 등　유 능 수 지　팔 분 재 계

或經一年　或復三月　受持
혹 경 일 년　혹 부 삼 월　수 지

學處　以此善根　願生西方
학 처　이 차 선 근　원 생 서 방

極樂世界　無量壽佛所　聽
극 락 세 계　무 량 수 불 소　청

聞正法 而未定者 若聞世
문 정 법　이 미 정 자　약 문 세

尊藥師琉璃光如來名號 臨
존 약 사 유 리 광 여 래 명 호　임

命終時 有八菩薩 其名曰
명 종 시　유 팔 보 살　기 명 왈

文殊師利菩薩 觀世音菩薩
문 수 사 리 보 살　관 세 음 보 살

大勢菩薩 無盡意菩薩 寶
대 세 보 살　무 진 의 보 살　보

檀華菩薩 藥王菩薩 藥上
단 화 보 살　약 왕 보 살　약 상

菩薩 彌勒菩薩 是八大菩
보 살　미 륵 보 살　시 팔 대 보

薩乘神通來 示其道路 即
살 승 신 통 래　시 기 도 로　즉

於彼界 種種雜色 衆寶華
어 피 계　종 종 잡 색　중 보 화

中 自然化生 或有因此 生
중　자 연 화 생　혹 유 인 차　생

29

於天上 雖生天中 而本善
어 천 상　　수 생 천 중　　이 본 선

根 亦未窮盡 不復更生 諸
근　　역 미 궁 진　　불 부 경 생　　제

餘惡趣 天上壽盡 還生人
여 악 취　　천 상 수 진　　환 생 인

間 或爲輪王 統攝四洲 威
간　　혹 위 륜 왕　　통 섭 사 주　　위

德自在 安立無量 百千有
덕 자 재　　안 립 무 량　　백 천 유

情 於十善道 或生刹帝利
정　　어 십 선 도　　혹 생 찰 제 리

婆羅門居士大家 多饒財寶
바 라 문 거 사 대 가　　다 요 재 보

倉庫盈溢 形相端嚴 眷屬
창 고 영 일　　형 상 단 엄　　권 속

具足 聰明智慧 勇健威猛
구 족　　총 명 지 혜　　용 건 위 맹

如大力士 若是女人 得聞
여 대 력 사　　약 시 여 인　　득 문

30

世尊藥師如來名號 至心受
세 존 약 사 여 래 명 호 지 심 수

持 於後不復 更受女身
지 어 후 불 부 경 수 여 신

復次曼殊室利 彼藥師琉璃
부 차 만 수 실 리 피 약 사 유 리

光如來 得菩提時 有本願
광 여 래 득 보 리 시 유 본 원

力 觀諸有情 遇衆病苦 瘦
력 관 제 유 정 우 중 병 고 수

攣乾消 黃熱等病 或彼厭
련 건 소 황 열 등 병 혹 피 염

魅蠱毒所中 或復短命 或
매 고 독 소 중 혹 부 단 명 혹

時橫死 慾令是等病苦消除
시 횡 사 욕 령 시 등 병 고 소 제

所求願滿 是彼世尊 入三
소 구 원 만 시 피 세 존 입 삼

摩地 名曰除滅一切衆生苦
마 지 명 왈 제 멸 일 체 중 생 고

惱　既入定已　於肉髻中　出
뇌　기입정이　어육계중　출

大光明　光中演說大陀羅尼
대광명　광중연설대다라니

曰
왈

南謨薄伽伐帝　鞞殺社　窶
나모박가벌제　비살사　구

嚕薜琉璃　鉢喇婆　喝囉闍
로설유리　발라바　갈라사

也　呾他揭多耶　阿囉喝帝
야　달타아다야　아라갈제

三藐三勃他耶　恒姪他　唵
삼막삼발타야　단야타　옴

鞞殺逝　鞞殺逝　鞞殺社　三
비살서　비살서　비살사　삼

沒揭帝　娑婆訶
몰아제　사바하

爾時光中　說此呪已　大地
이시광중　설차주이　대지

震動 放大光明 一切衆生
진동 방대광명 일체중생

病苦皆除 受安穩樂 曼殊
병고개제 수안온락 만수

室利 若見男子女人 有病
실리 약견남자여인 유병

苦者 應當一心 爲彼病人
고자 응당일심 위피병인

常清淨燥漱 或食或藥 或
상청정조수 혹식혹약 혹

無蟲水 呪一百八遍 如彼
무충수 주일백팔편 여피

服食 所有病苦 悉皆消滅
복식 소유병고 실개소멸

若有所求 至心念誦 皆得
약유소구 지심염송 개득

如是 無病延年 命終之後
여시 무병연년 명종지후

生彼世界 得不退轉 乃至
생피세계 득불퇴전 내지

菩提 曼殊室利 若有男子
보리 만수실리 약유남자

女人 於彼藥師琉璃光如來
여인 어피약사유리광여래

至心慇重 恭敬供養者 常
지심은중 공경공양자 상

持此呪 勿令廢忘
지차주 물령폐망

復次曼殊室利 若有淨信男
부차만수실리 약유정신남

子女人 得聞藥師琉璃光如
자여인 득문약사유리광여

來 應正等覺 所有名號 聞
래 응정등각 소유명호 문

已誦持 晨嚼齒木 燥漱淸
이송지 신작치목 조수청

淨 以諸香花 燒香塗香 作
정 이제향화 소향도향 작

眾伎樂 供養形像 於此經
중기락 공양형상 어차경

典 若自書 若教人書 一念
전 약자서 약교인서 일념

受持聽聞其義 於彼法師 應
수 지 청 문 기 의 어 피 법 사 응

修供養 一切所有資身之具
수 공 양 일 체 소 유 자 신 지 구

悉皆施與 勿令乏小 如是
실 개 시 여 물 령 핍 소 여 시

便蒙諸佛護念 所求願滿 乃
편 몽 제 불 호 념 소 구 원 만 내

至菩提
지 보 리

爾時 曼殊室利童子白佛言
이 시 만 수 실 리 동 자 백 불 언

世尊 我當誓於 像法轉時
세 존 아 당 서 어 상 법 전 시

以種種方便 令諸淨信 善
이 종 종 방 편 영 제 정 신 선

男子善女人等 得聞世尊藥
남 자 선 여 인 등 득 문 세 존 약

師琉璃光如來名號 乃至睡
사 유 리 광 여 래 명 호 내 지 수

中 亦以佛名 覺悟其耳 世
중 역 이 불 명 각 오 기 이 세

尊 若於此經 受持讀誦 或
존 약 어 차 경 수 지 독 송 혹

復爲他 演說開示 若自書
부 위 타 연 설 개 시 약 자 서

若敎人書 恭敬尊重 以種
약 교 인 서 공 경 존 중 이 종

種花香塗香 末香燒香 花
종 화 향 도 향 말 향 소 향 화

鬘瓔珞 幡蓋伎樂 而爲供
만 영 락 번 개 기 악 이 위 공

養 以五色綵 作囊盛之 掃
양 이 오 색 채 작 낭 성 지 소

灑淨處 敷設高座 而用安
쇄 정 처 부 설 고 좌 이 용 안

處 爾時 四大天王 與其眷
처 이 시 사 대 천 왕 여 기 권

36

屬　及餘無量百千天衆　皆
속　급여무량백천천중　개

詣其所　供養守護　世尊　若
예기소　공양수호　세존　약

此經寶　流行之處　有能受
차경보　유행지처　유능수

持　以彼世尊藥師琉璃光如
지　이피세존약사유리광여

來　本願功德　及聞名號　當
래　본원공덕　급문명호　당

知是處　無復橫死　亦復不
지시처　무부횡사　역부불

爲諸惡鬼神　奪其精氣　設
위제악귀신　탈기정기　설

已奪者　還得如故　身心安樂
이탈자　환득여고　신심안락

佛告曼殊室利　如是如是　如
불고만수실리　여시여시　여

汝所說　曼殊室利　若有淨
여소설　만수실리　약유정

信 善男子善女人等 欲供
신 선남자선여인등 욕공

養 彼世尊藥師琉璃光如來
양 피세존약사유리광여래

者 應先造立 彼佛形像 敷
자 응선조립 피불형상 부

清淨座 而安處之 散種種
청정좌 이안처지 산종종

花 燒種種香 以種種幢幡
화 소종종향 이종종당번

莊嚴其處 七日七夜 受持
장엄기처 칠일칠야 수지

八分齋戒 食清淨食 澡浴
팔분재계 식청정식 조욕

香潔 著新淨衣 應生無垢
향결 착신정의 응생무구

濁心 無怒害心 於一切有
탁심 무노해심 어일체유

情 起利益安樂 慈悲喜捨
정 기이익안락 자비희사

38

平等之心　鼓樂歌讚　右繞
평 등 지 심　고 악 가 찬　우 요

佛像　復應念彼　如來本願
불 상　부 응 념 피　여 래 본 원

功德　讀誦此經　思惟其義
공 덕　독 송 차 경　사 유 기 의

演說開示　隨所樂求　一切
연 설 개 시　수 소 락 구　일 체

皆遂　求長壽得長壽　求富
개 수　구 장 수 득 장 수　구 부

饒得富饒　求官位得官位　求
요 득 부 요　구 관 위 득 관 위　구

男女得男女　若復有人　忽
남 녀 득 남 녀　약 부 유 인　홀

得惡夢　見諸惡相　或怪鳥
득 악 몽　견 제 악 상　혹 괴 조

來集　或於住處　百怪出現
래 집　혹 어 주 처　백 괴 출 현

此人　若以衆妙資具　恭敬
차 인　약 이 중 묘 자 구　공 경

供養 彼世尊藥師琉璃光如
공양 피세존약사유리광여

來者 惡夢惡相 諸不吉祥
래자 악몽악상 제불길상

皆悉隱沒 不能爲患 或有
개실은몰 불능위환 혹유

水火 刀毒懸嶮 惡象師子
수화 도독현험 악상사자

虎狼熊羆 毒蛇惡蠍 蜈蚣
호랑웅비 독사악헐 오공

蚰蜓 蚊虻等怖 若能至心
유정 문맹등포 약능지심

憶念彼佛 恭敬供養 一切
억념피불 공경공양 일체

怖畏 皆得解脫 若他國侵
포외 개득해탈 약타국침

擾 盜賊反亂 憶念恭敬 彼
요 도적반란 억념공경 피

如來者 亦皆解脫
여래자 역개해탈

復次曼殊室利 若有淨信 善
부 차 만 수 실 리 약 유 정 신 선

男子善女人等 乃至盡形 不
남 자 선 여 인 등 내 지 진 형 불

事餘天 惟當一心 歸佛法
사 여 천 유 당 일 심 귀 불 법

僧 受持禁戒 若五戒十戒
승 수 지 금 계 약 오 계 십 계

菩薩四百戒 苾芻二百五十
보 살 사 백 계 필 추 이 백 오 십

戒 苾芻尼五百戒 於所受
계 필 추 니 오 백 계 어 소 수

中 或有毀犯 怖墮惡趣 若
중 혹 유 훼 범 포 타 악 취 약

能專念 彼佛名號 恭敬供
능 전 념 피 불 명 호 공 경 공

養者 必定不受 三惡趣生
양 자 필 정 불 수 삼 악 취 생

或有女人 臨當産時 受於
혹 유 여 인 임 당 산 시 수 어

極苦　若能至心　稱名禮讚
극고　약능지심　칭명예찬

恭敬供養　彼如來者　衆苦
공경공양　피여래자　중고

皆除　所生之子　身分具足
개제　소생지자　신분구족

形色端正　見者歡喜　利根
형색단정　견자환희　이근

聰明　安隱少病　無有非人
총명　안은소병　무유비인

奪其精氣
탈기정기

爾時　世尊告阿難言　如我
이시　세존고아난언　여아

稱揚　彼佛世尊藥師琉璃光
칭양　피불세존약사유리광

如來　所有功德　此是諸佛
여래　소유공덕　차시제불

甚深行處　難可解了　汝爲
심심행처　난가해료　여위

信不
신 불

阿難白言　大德世尊　我於
아 난 백 언　대 덕 세 존　아 어

如來　所說契經　不生疑惑
여 래　소 설 계 경　불 생 의 혹

所以者何　一切如來　身語
소 이 자 하　일 체 여 래　신 어

意業　無不清淨　世尊　此日
의 업　무 불 청 정　세 존　차 일

月輪　可令墮落　妙高山王
월 륜　가 령 타 락　묘 고 산 왕

可使傾動　諸佛所言　無有
가 사 경 동　제 불 소 언　무 유

異也　世尊　有諸眾生　信根
이 야　세 존　유 제 중 생　신 근

不具　聞說諸佛　甚深行處
불 구　문 설 제 불　심 심 행 처

作是思惟　云何但念　藥師
작 시 사 유　운 하 단 념　약 사

琉璃光如來一佛名號　便獲
유 리 광 여 래 일 불 명 호　편 획

爾所　功德勝利　由此不信
이 소　공 덕 승 리　유 차 불 신

反生誹謗　彼於長夜　失大
반 생 비 방　피 어 장 야　실 대

利樂　墮諸惡趣　流轉無窮
리 락　타 제 악 취　유 전 무 궁

佛告阿難　是諸有情　若聞
불 고 아 난　시 제 유 정　약 문

世尊藥師琉璃光如來名號
세 존 약 사 유 리 광 여 래 명 호

至心受持　不生疑惑　墮惡
지 심 수 지　불 생 의 혹　타 악

趣者　無有是處　阿難　此是
취 자　무 유 시 처　아 난　차 시

諸佛　甚深所行　難可信解
제 불　심 심 소 행　난 가 신 해

汝今能受　當知皆是　如來
여 금 능 수　당 지 개 시　여 래

威力 阿難 一切聲聞獨覺
위 력　아 난　일 체 성 문 독 각

及未登地 諸菩薩等 皆悉
급 미 등 지　제 보 살 등　개 실

不能 如實信解 惟除一生
불 능　여 실 신 해　유 제 일 생

所繫菩薩 阿難 人身難得
소 계 보 살　아 난　인 신 난 득

於三寶中 信敬尊重 亦難
어 삼 보 중　신 경 존 중　역 난

可得 得聞世尊藥師琉璃光
가 득　득 문 세 존 약 사 유 리 광

如來名號 復難於是 阿難
여 래 명 호　부 난 어 시　아 난

彼藥師琉璃光如來 無量菩
피 약 사 유 리 광 여 래　무 량 보

薩行 無量善巧方便 無量
살 행　무 량 선 교 방 편　무 량

廣大願 我若一劫 若一劫
광 대 원　아 약 일 겁　약 일 겁

45

餘 而廣說者 劫可速盡 彼
여　이광설자　겁가속진　피

佛行願 善巧方便 無有盡
불행원　선교방편　무유진

也
야

爾時衆中 有一菩薩摩訶薩
이시중중　유일보살마하살

名曰救脫 即從座起 偏袒
명왈구탈　즉종좌기　편단

右肩 右膝著地 曲躬合掌
우견　우슬착지　곡궁합장

而白佛言 大德世尊 像法
이백불언　대덕세존　상법

轉時 有諸衆生 爲種種患
전시　유제중생　위종종환

之所困厄 長病羸瘦 不能
지소곤액　장병리수　불능

飲食 喉脣乾燥 見諸方暗
음식　후순건조　견제방암

死相現前　父母親屬　朋友
사 상 현 전　부 모 친 속　붕 우

知識　啼泣圍繞　然彼自身
지 식　제 읍 위 요　연 피 자 신

臥在本處　見琰魔使　引其
와 재 본 처　견 염 마 사　인 기

神識　至於琰魔法王之前　然
신 식　지 어 염 마 법 왕 지 전　연

諸有情　有俱生神　隨其所
제 유 정　유 구 생 신　수 기 소

作　若罪若福　皆具書之　盡
작　약 죄 약 복　개 구 서 지　진

持授與　琰魔法王　爾時　彼
지 수 여　염 마 법 왕　이 시　피

王推問其人　算計所作　隨
왕 추 문 기 인　산 계 소 작　수

其罪福　而處斷之　時彼病
기 죄 복　이 처 단 지　시 피 병

人　親屬知識　若能爲彼　歸
인　친 속 지 식　약 능 위 피　귀

依世尊藥師琉璃光如來　請
의 세 존 약 사 유 리 광 여 래 청

諸衆僧　轉讀此經　然七層
제 중 승 전 독 차 경 연 칠 층

之燈　懸五色續命神幡　或
지 등 현 오 색 속 명 신 번 혹

有是處　彼識得還　如在夢
유 시 처 피 식 득 환 여 재 몽

中　明了自見　或經七日　或
중 명 료 자 견 혹 경 칠 일 혹

二十一日　或三十五日　或
이 십 일 일 혹 삼 십 오 일 혹

四十九日　彼識還時　如從
사 십 구 일 피 식 환 시 여 종

夢覺　皆自憶知　善不善業
몽 각 개 자 억 지 선 불 선 업

所得果報　由自證見　業果
소 득 과 보 유 자 증 견 업 과

報故　乃至命難　亦不造作
보 고 내 지 명 난 역 불 조 작

諸惡之業 是故淨信 善男
제 악 지 업 　 시 고 정 신 　 선 남

子善女人等 皆應受持 藥
자 선 여 인 등 　 개 응 수 지 　 약

師琉璃光如來名號 隨力所
사 유 리 광 여 래 명 호 　 수 력 소

能 恭敬供養
능 　 공 경 공 양

爾時 阿難問救脫菩薩曰 善
이 시 　 아 난 문 구 탈 보 살 왈 　 선

男子 應云何 恭敬供養 彼
남 자 　 응 운 하 　 공 경 공 양 　 피

世尊藥師琉璃光如來 續命
세 존 약 사 유 리 광 여 래 　 속 명

幡燈 復云何造
번 등 　 부 운 하 조

救脫菩薩言 大德 若有病
구 탈 보 살 언 　 대 덕 　 약 유 병

人 欲脫病苦 當為其人 七
인 　 욕 탈 병 고 　 당 위 기 인 　 칠

49

日七夜 受持八分齋戒 應
일 칠 야　수 지 팔 분 재 계　응

以飲食 及餘資具 隨力所
이 음 식　급 여 자 구　수 력 소

辦 供養苾芻僧 晝夜六時
판　공 양 필 추 승　주 야 육 시

禮拜供養 彼世尊藥師琉璃
예 배 공 양　피 세 존 약 사 유 리

光如來 讀誦此經 四十九
광 여 래　독 송 차 경　사 십 구

遍 然四十九燈 造彼如來
편　연 사 십 구 등　조 피 여 래

形像七軀 一一像前 各置
형 상 칠 구　일 일 상 전　각 치

七燈 一一燈量 大如車輪
칠 등　일 일 등 량　대 여 차 륜

乃至四十九日 光明不絶 造
내 지 사 십 구 일　광 명 부 절　조

五色綵幡 長四十九搩手 應
오 색 채 번　장 사 십 구 걸 수　응

50

放雜類眾生 至四十九 可
방 잡 류 중 생 지 사 십 구 가

得過度 危厄之難 不爲諸
득 과 도 위 액 지 난 불 위 제

橫 惡鬼所持
횡 악 귀 소 지

復次阿難 若刹帝利 灌頂
부 차 아 난 약 찰 제 리 관 정

王等 災難起時 所謂人眾
왕 등 재 난 기 시 소 위 인 중

疾疫難 他國侵逼難 自界
질 역 난 타 국 침 핍 난 자 계

叛逆難 星宿變怪難 日月
반 역 난 성 수 변 괴 난 일 월

薄蝕難 非時風雨難 過時
박 식 난 비 시 풍 우 난 과 시

不雨難 彼刹帝利 灌頂王
불 우 난 피 찰 제 리 관 정 왕

等 爾時 應於一切有情 起
등 이 시 응 어 일 체 유 정 기

51

慈悲心　赦諸繫閉　依前所
자비심　사제계폐　의전소

說　供養之法　供養彼世尊
설　공양지법　공양피세존

藥師琉璃光如來　由此善根
약사유리광여래　유차선근

及彼如來本願力故　令其國
급피여래본원력고　영기국

界　即得安隱　風雨順時　穀
계　즉득안은　풍우순시　곡

稼成熟　一切有情　無病歡
가성숙　일체유정　무병환

樂　於其國中　無有暴虐　藥
악　어기국중　무유포학　약

叉等神　惱有情者　一切惡
차등신　뇌유정자　일체악

相　皆即隱沒　而剎帝利　灌
상　개즉은몰　이찰제리　관

頂王等　壽命色力　無病自
정왕등　수명색력　무병자

在 皆得增益 阿難 若帝后
재 개득증익 아난 약제후

妃主 諸君王子 大臣輔相
비주 제군왕자 대신보상

中宮采女 百官黎庶 為病
중궁채녀 백관려서 위병

所苦 及餘厄難 亦應造立
소고 급여액난 역응조립

五色神旛 然燈續明 放諸
오색신번 연등속명 방제

生命 散雜色華 燒衆名香
생명 산잡색화 소중명향

病得除愈 衆難解脫
병득제유 중난해탈

爾時 阿難問救脫菩薩言 善
이시 아난문구탈보살언 선

男子 云何已盡之命 而可
남자 운하이진지명 이가

增益
증익

救脱菩薩言　大德　汝豈不
구 탈 보 살 언　대 덕　여 기 불

聞　如來說有　九橫死耶　是
문　여 래 설 유　구 횡 사 야　시

故勸造　續命幡燈　修諸福
고 권 조　속 명 번 등　수 제 복

德　以修福故　盡其壽命　不
덕　이 수 복 고　진 기 수 명　불

經苦患　阿難問言　九橫云
경 고 환　아 난 문 언　구 횡 운

何　救脱菩薩言　有諸有情
하　구 탈 보 살 언　유 제 유 정

得病雖輕　然無醫藥　及看
득 병 수 경　연 무 의 약　급 간

病者　設復遇醫　授以非藥
병 자　설 부 우 의　수 이 비 약

實不應死　而便橫死　又信
실 불 응 사　이 편 횡 사　우 신

世間　邪魔外道　妖孽之師
세 간　사 마 외 도　요 얼 지 사

妄說禍福　便生恐動　心不
망 설 화 복　편 생 공 동　심 불

自正　卜問覓禍　殺種種衆
자 정　복 문 멱 화　살 종 종 중

生　解奏神明　呼諸魍魎　請
생　해 주 신 명　호 제 망 량　청

乞福祐　欲冀延年　終不能
걸 복 우　욕 기 연 년　종 불 능

得　愚癡迷惑　信邪倒見　遂
득　우 치 미 혹　신 사 도 견　수

令橫死　入於地獄　無有出
령 횡 사　입 어 지 옥　무 유 출

期　是名初橫　二者　橫被王
기　시 명 초 횡　이 자　횡 피 왕

法之所誅戮　三者　畋獵嬉
법 지 소 주 륙　삼 자　전 렵 희

戲　耽婬嗜酒　放逸無度　橫
희　탐 음 기 주　방 일 무 도　횡

為非人　奪其精氣　四者　橫
위 비 인　탈 기 정 기　사 자　횡

為火焚 五者 横為水溺 六
위화분 오자 횡위수닉 육

者 横為種種惡獸所噉 七
자 횡위종종악수소담 칠

者 横墮山崖 八者 横為毒
자 횡타산애 팔자 횡위독

藥 厭禱呪咀 起屍鬼等 之
약 염도주저 기시귀등 지

所中害 九者 飢渴所困 不
소중해 구자 기갈소곤 부

得飲食 而便横死 是為 如
득음식 이편횡사 시위 여

來 略說横死 有此九種 其
래 약설횡사 유차구종 기

餘復有 無量諸横 難可具
여부유 무량제횡 난가구

說
설

復次阿難 彼琰魔王 主領
부차아난 피염마왕 주령

世間　名籍之記　若諸有情
세간　명적지기　약제유정

不孝五逆　破辱三寶　壞君
불효오역　파욕삼보　괴군

臣法　毀於信戒　琰魔法王
신법　훼어신계　염마법왕

隨罪輕重　考而罰之　是故
수죄경중　고이벌지　시고

我今　勸諸有情　然燈造幡
아금　권제유정　연등조번

放生修福　令度苦厄　不遭
방생수복　영도고액　불조

衆難
중난

爾時衆中　有十二藥叉大將
이시중중　유십이약차대장

俱在會坐　所謂
구재회좌　소위

宮毘羅大將　伐折羅大將　迷
궁비라대장　벌절라대장　미

企羅大將 安底羅大將
기 라 대 장 안 저 라 대 장

頞儞羅大將 珊底羅大將 因
알 이 라 대 장 산 저 라 대 장 인

達羅大將 波夷羅大將
달 라 대 장 파 이 라 대 장

摩虎羅大將 真達羅大將 招
마 호 라 대 장 진 달 라 대 장 초

杜羅大將 毘羯羅大將
두 라 대 장 비 갈 라 대 장

此十二藥叉大將 一一各有
차 십 이 약 차 대 장 일 일 각 유

七千藥叉 以爲眷屬 同時
칠 천 약 차 이 위 권 속 동 시

舉聲 白佛言 世尊 我等今
거 성 백 불 언 세 존 아 등 금

者 蒙佛威力 得聞世尊藥
자 몽 불 위 력 득 문 세 존 약

師琉璃光如來名號 不復更
사 유 리 광 여 래 명 호 불 부 갱

有 惡趣之怖 我等相率 皆
유 악 취 지 포 아 등 상 솔 개

同一心 乃至盡形 歸佛法
동 일 심 내 지 진 형 귀 불 법

僧 誓當荷負 一切有情 爲
승 서 당 하 부 일 체 유 정 위

作義利 饒益安樂 隨於何
작 의 리 요 익 안 락 수 어 하

等 村城國邑 空閑林中 若
등 촌 성 국 읍 공 한 림 중 약

有流布此經 或復受持藥師
유 유 포 차 경 혹 부 수 지 약 사

琉璃光如來名號 恭敬供養
유 리 광 여 래 명 호 공 경 공 양

者 我等眷屬 衛護是人 皆
자 아 등 권 속 위 호 시 인 개

使解脫 一切苦難 諸有願
사 해 탈 일 체 고 난 제 유 원

求 悉令滿足 或有疾厄 求
구 실 령 만 족 혹 유 질 액 구

度脫者　亦應讀誦此經　以
도 탈 자　역 응 독 송 차 경　이

五色縷　結我名字　得如願
오 색 루　결 아 명 자　득 여 원

已　然後解結
이　연 후 해 결

爾時　世尊讚諸藥叉大將言
이 시　세 존 찬 제 약 차 대 장 언

善哉善哉　大藥叉將　汝等
선 재 선 재　대 약 차 장　여 등

念報世尊藥師琉璃光如來
념 보 세 존 약 사 유 리 광 여 래

恩德者　常應如是　利益安
은 덕 자　상 응 여 시　이 익 안

樂　一切有情
락　일 체 유 정

爾時　阿難白佛言　世尊　當
이 시　아 난 백 불 언　세 존　당

何名此法門　我等　云何奉
하 명 차 법 문　아 등　운 하 봉

持
지

佛告阿難　此法門名　說藥
불 고 아 난　차 법 문 명　설 약

師琉璃光如來本願功德　亦
사 유 리 광 여 래 본 원 공 덕　역

名說十二神將饒益有情結
명 설 십 이 신 장 요 익 유 정 결

願神呪　亦名拔除一切業障
원 신 주　역 명 발 제 일 체 업 장

應如是持
응 여 시 지

時薄伽梵　說是語已　諸菩
시 박 가 범　설 시 어 이　제 보

薩摩訶薩　及大聲聞　國王
살 마 하 살　급 대 성 문　국 왕

大臣　婆羅門　居士　天龍
대 신　바 라 문　거 사　천 룡

藥叉　揵達縛　阿素洛　揭路
약 차　건 달 바　아 수 라　가 로

茶　緊捺洛　莫呼洛伽　人非
다　긴나라　마호라가　인비

人等　一切大衆　聞佛所說
인등　일체대중　문불소설

皆大歡喜　信受奉行
개대환희　신수봉행

우리말 약사경

釋法性 譯註

讚五分香偈(다섯 가지 향의 게)
찬 오 분 향 게

戒香 定香 慧香 解脫香 解脫知見香 光明雲臺 周邊
계향 정향 혜향 해탈향 해탈지견향 광명운대 주변

法界 供養十方無量佛法僧
법계 공양시방무량불법승

계의 향, 적정한 마음의 향, 지혜의 향, 해탈의 향, 해탈지견의 향으로 온 주변의 세계(법계)를 광명의 구름으로 놓았으며, 시방의 무량한 불법승 삼보님께 공양을 올리나이다!

獻香眞言(향을 올리는 진언)
헌 향 진 언

옴 바아라 도비야 훔(3번)

開經偈(경을 여는 게)
개 경 게

無上甚深微妙法 百天萬劫難遭遇
무 상 심 심 미 묘 법 백 천 만 겁 난 조 우

我今聞見得受持 願解如來眞實義
아 금 문 견 득 수 지 원 해 여 래 진 실 의

백천만 겁이 지나도 만나기 어려운,

더 없는 깊고 묘한 법을,

제가 지금 듣고 받아 지녔사옵니다.

원하오니, 여래의 진실한 뜻을 깨닫게 하여 주옵소서!

開法藏眞言(법의 寶庫를 여는 진언)
개 법 장 진 언

옴 아라남 아라다(3번)

藥師三尊
약 사 삼 존

南無藥師琉璃光如來
나 무 약 사 유 리 광 여 래

日光徧照菩薩摩訶薩
일 광 변 조 보 살 마 하 살

月光徧照菩薩摩訶薩(3번)
월 광 변 조 보 살 마 하 살

藥師琉璃光如來本願功德經[1]

이와 같이 저는 들었나이다. 한때 부처님〔薄伽梵〕[2]께서 여러 나라를 다니시며 교화하시다가, 광엄성에 이르러 낙음수 아래에 머무르시니, 대비구대중 8천인과 보살마하살 3만6천 및 국왕, 대신, 바라문, 거사, 천, 용, 야차, 인, 비인非人 등과 무수한 대중이 함께 설법을 듣기 위하여 공경하며 둘러싸고 있었다.

그때 문수사리 법왕자가 부처님의 위신력을 얻어 자리에서 일어나 한쪽 어깨를 드러내 놓고 우측 무릎을 땅에 대고 부처님을 향하여 몸을 굽혀 합장하며 부처님께 여쭈길,

"세존이시여, 바라옵건대 이와 같이 모든 부처님 명호의 서로 다른 종류와 본래 대서원의 수승한 공덕을 설하여 주옵소서. 법문을 듣는 모든 자로 하여금 업장을 소멸케 하고, 상법시像法時[3]의 모든 중생〔有情〕[4]들을 이롭고 즐거웁게 하고자 하는 연고입니다."

이때에 세존께서 문수사리동자를 찬탄하시며 말씀하시길

"문수사리야! 착하고 착하다!

---

1 약사유리광여래본원공덕경: 한역본 약사경은 5종류가 있는데, 여기에서는 현장법사 역譯을 실었다. 이 경은 약칭으로 7불약사경七佛藥師經 혹은 약사수원경藥師隨願經, 약사경藥師經이라고도 한다. 밀교의 성질을 띠고 있으며, 현세이익과 정토왕생의 사상을 위주로 한 것이 그 특색이고, 특히 약사불의 공덕을 강조하고 있다.

2 薄伽梵(Bhagavan): bhagavat의 주격主格 bhagavan의 음역音譯으로, 세존世尊을 지칭한다. 부처님의 존호尊號이기도 하다. 이하에서 박가범薄伽梵은 부처님으로 번역하였다.

3 三時: 불법佛法의 존속 시기를 셋으로 구분하였는데, 첫째 정법시대正法時代: 교敎, 행行, 증證이 모두 갖추어 구현具顯하는 시기(부처님 在世時), 둘째 상법시대像法時代: 교와 행은 존재하나 증득이 존재하지 않는 시기, 셋째 말법시대末法時代: 다만 교만 존재하고 행과 증이 존재하지 않는 시기이다.

4 有情: 번뇌에 얽매여 미혹한 모든 존재, 즉 중생을 말한다. 유정有情과 비정非情을 통틀어 중생이라고 보는 견해도 있다. 이하에서 有情은 중생으로 번역하였다.

너는 대자비로 나에게 제불명호와 본원의 공덕을 설해주기를 권청하니, 중생들의 모든 번뇌 업장을 소멸시키고, 상법시에 중생들이 이익과 안락을 얻게 하고자 하는 연고이구나. 너는 이제 자세히 듣고 잘 사유하여라. 마땅히 너를 위해 설하리라."

문수사리가 대답하기를,

"오직 그와 같이 즐거이 법 듣기를 원하옵니다."

부처님께서 문수사리에게 말씀하시길,

"여기로부터 동방으로 십긍가사[5] 불국토를 지나 정유리라는 이름의 세계가 있느니라. 그곳 부처님의 이름은 약사유리광여래, 응공應供, 정등각正等覺, 명행원만明行圓滿, 선서善逝, 세간해世間解, 무상사無上士, 조어장부調御丈夫, 천인사天人師, 불佛, 박가범薄伽梵이시다.

문수사리야!

저 불세존 약사유리광여래께서는 보살본행菩薩本行을 하실 때 열두 가지 대발원〔十二大發願〕[6]을 하셨는데, 모든 중생들로 하여금 구하고자 하는 것을 모두 얻도록 발원하셨느니라.

제1대원 – 광명보조光明普照 – 은, 원하옵나니 제가 내세에 아뇩다라삼먁삼보리를 증득할 때, 제 몸에서 광명이 나고, 자연히 무량 무수 무변 세계를 비추고 32가지 대장부 상호와 80종 형상의 장엄한 몸으로서, 일체 중생으로 하여금 저와 다를 바가 없도록 하여지이다.

제2대원 – 수의성판隨意成辦 – 은, 원하옵나니 제가 내세에 보리를 증득할 때, 몸이 유리와 같아 안팎이 투명하고 더러움이 없이 깨끗하며, 광명은 광대하고 공덕은 높고 높아 몸이 잘 안주하고, 불꽃의 망으로 장엄하여 해와 달을 능가하며,

---

5 十殑伽沙: 항하의 모래수의 열배를 말한다. 殑伽는 항하恒河를 의미한다.
6 十二大願: 약사여래께서 과거세에 중생들을 교화하시기 위하여 열두 가지 대발원大願을 발함. ①光明普照(광명보조) ②隨意成辦(수의성판) ③施無盡物(시무진물) ④安立大乘(안립대승) ⑤具戒淸淨(구계청정) ⑥諸根具足(제근구족) ⑦除病安樂(제병안락) ⑧轉女得佛(전여득불) ⑨安立正見(안립정견) ⑩苦惱解脫(고뇌해탈) ⑪飽食安樂(포식안락) ⑫美衣滿足(미의만족).

유명 중생들에게 어리석음을 열어 알게 하고, 하고자 하는 바 뜻에 따라 취하여 모든 일이 이루어지이다.

제3대원 −시무진물施無盡物−은, 원하옵나니 제가 내세에 보리를 증득할 때, 무량무변의 지혜방편으로써 모든 중생들로 하여금 쓰고자 하는 물건들이 다함이 없도록 하여지이다.

제4대원 −안립대승安立大乘−은, 원하옵나니 제가 내세에 보리를 증득할 때, 만약에 중생들 가운데 삿된 도를 행하는 모든 자가 있으면 보리도에 안주하게 하며, 만약에 성문·독각승을 행하는 자가 있으면 대승법으로써 모두 안립하게 하여지이다.

제5대원 −구계청정具戒淸淨−은, 원하옵나니 제가 내세에 보리를 증득할 때, 만약에 무량무변의 중생들이 있으면, 저의 법 안에서 모두 청정수행을 하게 하여 계에 부족함이 없게 하고 삼취계三聚戒[7]를 갖추도록 하겠나이다. 만약에 저의 이름을 듣고도 훼방하는 자가 있더라도, 또한 그도 악도에 떨어지지 않고 청정법을 얻도록 하여지이다.

제6대원 −제근구족諸根具足−은, 원하옵나니 제가 내세에 보리를 증득할 때, 중생들 자신의 몸이 열등하여 모든 감각기관을 제대로 갖추지 못하여 못생겨 추하고, 어리석고, 눈멀고, 귀먹고, 벙어리, 앉은뱅이, 등이 굽고, 백치, 미치광이 등등

---

7 삼취계: 삼취정계三聚淨戒라고도 칭하며, 대승의 보살계菩薩戒를 말한다. 삼취계는 3종류로, 섭율의계攝律儀戒·섭선법계攝善法戒·섭중생계攝衆生戒이다. 이 삼취정계는 대승계로써 僧伽·속俗에 모두 통용된다.
섭율의계: 자성계自性戒를 말하는, 일체 보살계一切菩薩戒이다. 즉 일체 모든 악을 제거하고 끊어버린, 모든 율律의 지악止惡의 문門을 가리킨다. 이는 7중七衆이 모두 지녀야 하는 계로, 법신法身의 인因으로써, 성취하면 덕을 현현하게 된다.
섭선법계: 수선법계受善法戒를 말하는, 일체 보리도계菩提道戒이다. 이는 일체 선법一切善法의 닦음을 의미하며 수선修善의 문이다. 신·구·의 삼업으로 선을 닦아 무상보리를 회향함을 의미한다. 예를 들면, 정진·삼보공양·심불방일·모든 선법을 배양함 등등을 들 수 있다. 이는 보신報身의 인因으로써, 성취하면 보신불報身佛의 연緣이 된다.
섭중생계: 요익유정계饒益有情戒를 말하는, 이생문利生門이다.

가지가지의 병고가 있는 모든 중생들이, 저의 이름을 들으면 모두 단정함을 얻을 것이며, 모든 병고가 없어지고 완전한 몸을 갖추어지이다.

제7대원 ─ 제병안락除病安樂 ─ 은, 원하옵나니 제가 내세에 보리를 증득할 때, 만약에 모든 중생들이 많은 병으로 핍박을 받고, 구원도 받지 못하고, 의지할 곳도 없고, 의사도 없고, 약도 없고, 가족도 없고, 집도 없고, 빈궁하고, 많은 병고를 당한다면, 저의 명호로 그것을 치료하고 여러 가지 병들을 모두 제거할 것이며, 몸과 마음이 안락하고, 가족들과 재산이 갖추어 있고, 실로 모두 풍족하며, 또한 무상보리를 증득하여지이다.

제8대원 ─ 전여득불轉女得佛 ─ 은, 원하옵나니 제가 내세에 보리를 증득한 후, 만약에 어떤 여인이 여자의 백 가지 악의 고뇌를 극히 싫어하여 멀리 여의거나 여자의 몸을 벗어나길 원하고 저의 이름을 들으면, 여자의 몸이 바뀌어 남자의 몸으로 되어 대장부의 상을 모두 얻고, 또한 무상보리를 증득하여지이다.

제9대원 ─ 안립정견安立正見 ─ 은, 원하옵나니 제가 내세에 보리를 증득할 때, 모든 중생들이 마구니의 옭아맨 그물에서 모두 나올 것이며, 일체 외도의 삿된 속박에서 벗어날지이다. 만약에 각종 악한 견해의 숲에 떨어졌으면, 모두 마땅히 올바른 견해로 섭렵할 것이며, 점차로 모든 보살행을 배워 닦도록 하여 무상정등보리를 증득하게 하여지이다.

제10대원 ─ 고뇌해탈苦惱解脫 ─ 은, 원하옵나니 제가 내세에 보리를 증득할 때, 모든 중생들이 왕법에 따라 묶여서 채찍질 당하거나, 매달리고 감옥에 갇혀 있거나, 혹은 형을 받아 죽음을 당하거나, 이외에 무량한 재난과 능욕으로 슬픔과 근심이 절박하여 몸과 마음이 고통을 받더라도, 만약 저의 이름을 들으면, 저의 복덕의 위신력이 있는 고로, 모두 일체 근심의 고로부터 해탈을 얻어지이다.

제11대원 ─ 포식안락飽食安樂 ─ 은, 원하옵나니 제가 내세에 보리를 증득할 때, 만약에 중생들이 배고프고 목마름의 번뇌로 음식을 구하고자 여러 악업을 지었더라도, 저의 이름을 듣고 전념 수지하면, 제가 응당 먼저 묘한 음식으로 그 몸을 배부르게 한 후, 법으로써 구경의 안락을 세우게 하여지이다.

제12대원 —미의만족美衣滿足— 은, 원하옵나니 제가 내세에 보리를 증득할 때, 만약에 중생들이 빈곤하여 옷도 없고, 모기·추위·더위 등에 밤낮으로 고뇌의 핍박이 있으되, 만약에 저의 이름을 전념 수지하면 그 좋아하는 바와 같이 가지가지의 묘한 의복을 얻을 것이며, 일체의 보배 장엄구와 화만, 바르는 향, 음악연주와 온갖 기예를 마음 가는 대로 즐길 수 있고, 모두 만족하게 하여지이다.

문수사리야!

이것이 저 세존 약사유리광여래 부처님이 보살도를 행할 때 발원한 12가지 미묘하고 큰 원력이니라.

다시 문수사리야!

저 세존 약사유리광여래께서 보살도를 행할 때 발원한 큰 원력과 저 부처님의 국토장엄의 공덕은 내가 만약 일겁—劫[8]이나 일겁 이상을 설한다 해도 다할 수 없느니라. 그리고 저 불국토는 오로지 청정하여 여인도 없고, 또한 악도와 고통의 소리가 없으며, 땅은 유리로 되어 있고, 길의 경계는 금색줄로 되어 있느니라. 성의 궁전과 누각, 난간과 창과 나망이 모두 칠보로 이루어졌으며, 또한 극락세계의 공덕장엄과 같느니라. 그 국토에는 등급과 차별이 없고 두 분의 보살마하살이 계시느니라. 한 분의 이름은 일광변조이시고, 두 번째 분은 월광변조이신데, 저 한량없는 무량 보살 중에 제일 어른으로, 모두 저 세존 약사유리광여래의 정법보장을 능히 지니고 있으시다.

고로 문수사리야!

신심이 있는 모든 선남자 선여인은 마땅히 저 부처님의 세계에 태어나기를 원하느니라!"

그때에 세존께서 다시 문수사리동자에게 말씀하시길,

"문수사리야!

---

8 일겁(kalpa): 겁劫은 Kalpa의 약칭略稱으로, 긴 시간을 말한다. 즉 제일 긴 시간의 단위單位를 말한다.

중생들은 선악을 잘 알지 못하고, 오직 탐심하고 인색하고, 보시와 그 보시의 과보를 모르고, 어리석고 지혜가 없어 신근信根이 부족하니라. 많은 재물과 보배를 취하고 열심히 그것을 보호하고 지키며, 구걸자를 보면 그 마음이 기쁘지 않느니라. 만약에 소득이 없이 보시를 행할 경우, 육신의 살을 도려내는 것과 같이 몹시 고통스럽고 애석해 하느니라. 또한 인색하고 욕심 많은 무량한 중생들이 재물을 모으고 쌓지만 그것을 자신에게도 사용할 줄 모르니, 더욱이 부모, 처자, 노비, 일꾼, 구걸하러 온 이에게 주겠느냐. 저 중생들은 그 수명을 마침에 따라 아귀세계 혹은 축생계에 떨어져 태어날 것이니라. 그러나 옛날에 인간으로 있으면서 잠깐만이라도 약사유리광여래의 명호를 들었던 고로, 지금 악도에 있으나 저 여래의 명호를 잊지 않으면 그곳에서 죽어 다시 인간으로 태어나 전생을 생각하여, 악도의 고통을 두려워하고 욕락을 즐기지 않으며, 은혜를 베풀어 행함을 좋아하고 보시자를 찬탄하며, 일체 소유에 탐욕과 인색함이 없느니라. 나아가 머리·눈·손발·피·육신의 부분까지도 구하는 자에게 능히 보시를 하는데 하물며 재물쯤이야!

다시 문수사리야!

중생들은 비록 여래에게서 계율[學處]을 배울지라도 계를 파하느니라. 비록 계는 파하지 않는다 하더라도 궤칙軌則을 파하느니라. 비록 계율과 궤칙은 파괴하지 않더라도 정견을 훼손하느니라. 비록 정견은 훼손하지 않더라도 부처님께서 말씀하신 바 다문多聞을 버리고 경의 깊은 뜻을 깨닫지 못하며, 비록 다문이라 하더라도 아만이 늘어나느니라. 아만이 늘어나는 연유로 마음이 덮여 가려진 고로 자신은 옳고 타인은 그르다 하며, 또한 정법을 비방하고 마구니들과 결탁을 하느니라. 이와 같이 어리석은 자들의 행동은 사견이니라. 다시 무량한 중생들로 하여금 큰 위험한 구렁텅이에 떨어지게 하니, 이러한 중생들은 마땅히 지옥·축생·아귀도의 윤회에서 끊임이 없지만, 만약에 이 약사유리광여래의 명호를 들은 자는 바로 악행을 버리고 모든 선법을 닦아 악도에 떨어지지 않느니라. 설령 악행을 버리지 못하고 선법을 수행하지 못하여 악도에 떨어질 자라도 저 여래의 본원 위신력으로써 그 자 앞에 나타나서서 여래의 명호를 잠시 듣게 하여, 그의 수명이 다하더라도 인간계에 다시 태어나 정견·정진을 얻고 뜻과 즐거움을 잘 조절하며, 곧 능히 집을 떠날 수 있고, 출가를 할 수도 있느니라. 여래의 법 가운데서 계율을 수지하여 훼손하거나 범하지 않고, 정견과 다문으로 깊고 깊은 뜻을 이해하며, 증상만을 여의어 정법을 비방하지 않고 마구니들과 짝이 되지 않으며, 점차로 모든 보살들의 행을 닦아가며 속히 원만한 정각을 얻을 것이니라.

다시 문수사리야!

만약에 모든 중생들이 인색하고 탐욕하고 질투하며, 자신을 칭찬하고 타인을 헐뜯으면, 당연히 삼악도 중에서 무량한 세월 동안 모든 극한 고를 받을 것이며, 그 고를 마쳐도 그 수명이 다함에 따라 내세에 인간계에 태어나도 소, 말, 낙타, 노루 등등으로 되어, 항상 채찍으로 맞고 배고픔과 목마름의 고뇌를 받을 것이며, 또한 항상 무거운 짐을 지고 길을 따라 걸을 것이며, 혹 사람 몸을 받아도 천한 사람이 되어 노비가 되거나 타인의 부림을 받고 항상 자유스럽지 못하게 되느니라. 만약에 전생에서 일찍이 세존 약사유리광여래의 명호를 들은 자는 이 선근 인연으로 금생에 다시 그 뜻을 기억하고 지극한 마음으로 귀의하여, 부처님의 위신력으로써 많은 고통에서 벗어나고, 육근이 총명하고 지혜롭고 다문하며, 항상 수승한 법을 구하고 좋은 법우를 만나며, 영원히 마의 굴레를 단절하여 끊고, 무명의 껍질을 깨뜨리고 번뇌의 강을 다하여 일체 생, 노, 병, 사, 근심, 걱정, 고뇌에서 해탈하느니라.

다시 문수사리야!

만약에 중생들이 서로 어그러지고 어긋남을 좋아하고, 또한 서로 싸우고 소송하여 자신과 남을 번뇌로 혼란케 하고, 몸과 말과 뜻으로써 가지가지의 악업을 갈수록 더 지으며, 항상 거꾸로 이익됨이 없는 일을 하고, 서로가 모함하고 해치며, 산림·무덤 등의 신에게 고하여 많은 중생을 죽이고 그 피와 살을 취하여 야차·나찰 등에게 제사를 드리고, 원한 있는 사람의 이름을 적고 그 형상을 만들어 악한 주술과 주문으로써 저주하고, 정신을 흐리고 미혹하게 하여 주문으로 기시귀[9]로 하여금 그 목숨을 끊거나 그 몸을 무너지게 하더라도, 이러한 중생들이 만약에 이 약사유리광여래의 명호를 듣는다면 저 모든 악한 일들이 해를 입힐 수 없고, 모두가 자비의 마음으로 전환되어 이익과 안락을 얻게 되고 손해가 없고 번뇌가 없으며, 원한의 마음이 자기가 받은 바대로 각각 스스로 희열의 마음으로 되느니라. 기쁨과 만족함이 생겨 서로가 침탈하지 않고 이익되게 하느니라.

다시 문수사리야!

만약에 사부대중, 즉 비구·비구니·우바새·우바이 및 청정심의 선남자 선여인 등이 능히 이 팔분재계[10]를 수지하여 혹 일년을 지나고, 혹은 다시 3개월간 계율을 수지하면, 이 선근으로 서방극락세계의 무량수 부처님이 계시는 곳에 태어나 정법을 듣느니라. 아직 정해지지 않은 자가 만약 세존 약사유리광여래의 명호를 들으면 수명이 다할 때 8대 보살님, 그 이름이 문수사리보살, 관세음보살, 득대세지보살, 무진의보살, 보단화보살, 약왕보살, 약상보살, 미륵보살인 이 8대보살님들이 화현해 오셔서 그 진리의 길을 보이시느니라. 곧 저 세계의 가지가지 색의 보화 가운데 자연히 화생하거나 혹은 이것으로 인하여 천상에 태어나느니라. 비록 천상에 태어나도 본래 선근이 다함이 없어 다시 악도에 바꾸어 태어나지 않으며, 천상 수명이 다하여 인간세상에 태어나면 전륜성왕이 되어 사주를 통섭하거나 위엄과 덕망이 자재하여 무량한 백천의 중생들을 십선도에 안립하게 하거나, 혹은 찰제리·바라문·거사의 대가에 태어나 재물과 보배가 넉넉하여 창고가 넘치고, 생김새가 단정하

---

9 起尸鬼: 외도外道의 작법 중 하나로, 주문으로 죽은 시체를 일으켜서 그로 하여금 원한 있는 사람을 죽이도록 하였다는 귀신.

10 八分齋戒: 팔관재八關齋, 팔관재계八關齋戒, 팔재계八齋戒, 팔계八戒, 팔지재법八支齋法, 팔금八禁이라고도 한다. 부처님께서 재가신도를 위하여 잠시 출가인의 행을 배우도록 제정하셨으니, 팔八이란 8종의 계를 의미하고, 관關이란 막음을 의미한다. 매월 8일, 14일, 15일, 23일, 29일, 30일에 재가신도는 이 재일齋日 날에 하루 밤 하루 낮 동안 가정을 떠나 승단에 들어와 8계八戒를 지키는 신행信行으로써, ①살생하지 말라, ②도적질하지 말라, ③음행하지 말라, ④거짓말하지 말라, ⑤술을 먹지 말라, ⑥꽃다발을 쓰거나 향을 바르고 노래를 부르거나 풍류를 즐기며 구경하지 말라, ⑦높은 좌상에 앉지 말라, ⑧때가 아닌 때에 먹지 말라 등을 지켜야 한다.

고 권속을 갖추어 총명하고 지혜롭고 용맹하고 강건하며 위신력이 있어 대역사와 같으니라. 만약에 어떤 여인이 세존 약사유리광여래의 명호를 듣고 지극한 마음으로 수지하면, 후세에 다시 여인의 몸을 받지 않느니라.

다시 문수사리야!

저 약사유리광여래가 보리를 증득할 때, 본원력[11]으로 모든 중생들을 관하여 보니, 많은 병고를 만나고, 파리하게 오그라들어 마르고, 황달과 열병 등의 병고에 시달리고, 혹은 도깨비에 홀리거나 독으로 해를 입어, 혹은 단명하거나 혹은 횡사를 당하므로, 그들로 하여금 병고를 소멸하게 하고, 구하고 원하는 바를 원만히 얻도록 하였느니라.

저 세존께서 삼마지三摩地[12]의 선정에 드셨으니, 이름이 제멸일체중생고뇌除滅一切衆生苦惱로, 이미 입정에 드신 가운데 육계肉髻[13]에 대 광명을 내시고, 그 광명 가운데 대다라니大陀羅尼[14]를 설하시느니라.

나모 바가바테 바이사지아 구루 바이듀리아 프라바라자야 타타가타야 아르하테 삼약삼붓다야 타다타 옴 바이사지에 바이사지에 바아사지아 삼우드가테 스바하

이때에 광명 가운데 이 진언[呪]의 말씀을 마치시니 대지가 진동하고 대광명을

---

11 本願力: 본원本願 혹은 숙원宿願의 힘을 말하는데, 불·보살님께서 성불하기 이전, 과거세過去世에 중생들을 구원하시겠다고 서원誓願을 발한 원력願力을 말한다.

12 삼마지: 삼매三昧 혹은 삼매지三昧地라고 음역音譯. 의미로는 정정正定 혹은 등지等持, 정의定意, 정심행처正心行處라고 하는데, 마음이 한 곳에 고요히 머무르므로 정정이라 하고, 마음의 번뇌가 일어나지 않으므로 등等이라 하고, 마음이 산란하지 않으므로 지持라 하여 등지等持라 한다.

13 육계: 부처님의 32상相 중의 하나로 불정佛頂 혹은 정계頂髻, 무견정상無見頂相이라 한다. 부처님의 정수리가 솟아 상투모양을 한 모습을 말한다.

14 대다라니: 진언眞言 혹은 총지總持라고 의역意譯. 능히 무량불법無量佛法을 총섭總攝하여 지니며 염念의 혜력慧力을 잃어버리지 않는 고로 총지總持라 한다. 법법法, 의義, 주呪, 인忍 등 4가지 방면의 다라니가 있다.

발하여 일체 중생의 병고가 모두 소멸되고 안락하고 즐거움의 낙을 받느니라.

문수사리야!

만약에 선남자 선여인 중에 병고자가 있음을 보거든, 마땅히 일심으로 저 병인을 위하여 항상 깨끗하게 목욕과 양치질을 하고, 혹은 음식 혹은 약 혹은 깨끗한 물로써 이 진언을 108편을 독송하면, 의복과 음식과 같이 병고의 모든 것이 소멸되느니라.

구하고자 하는 바가 있고, 지심으로 염송하면 이와 같이 다 얻느니라. 무병장수하고, 수명을 마친 후에 저 세계에 태어나 불퇴전을 얻거나, 내지 보리를 얻느니라.

문수사리야!

만약에 남자나 여인이 있어 저 약사유리광여래께 지극한 마음으로 감사히 공경 공양을 하는 자는 항상 이 진언을 수지하고 잃어버리지 말지니라.

다시 문수사리야!

만약에 청정한 믿음이 있는 남자나 여인은 약사유리광여래, 응공, 정등각의 명호를 듣고 염송을 하고 지니되, 아침 일찍 깨끗이 목욕과 양치질을 하고 모든 향기로운 꽃과 사루는 향과 바르는 향과 여러 가지 즐겁게 하는 재주로 이 경전에 형상으로 공양을 해야 하느니라. 스스로 쓰거나 다른 사람이 쓰게 가르치되, 저 법사에게 그 뜻을 듣고 배워 일심으로 수지하여야 하느니라. 응당 공양을 하되 자신이 소유한 모든 재물을 다 보시하여 부족하거나 적지 않게 해야 하느니라. 이와 같이 하고 모든 부처님들을 호념하면, 구하는 바를 원만히 얻게 되며, 또한 지혜를 얻게 되느니라."

이때에 문수사리동자가 부처님께 여쭈기를,

"세존이시여!

제가 응당히 맹세합니다. 상법시대에 여러 가지 방편으로써 모든 청정한 믿음을 지닌 남자와 여인 등으로 하여금 약사유리광여래의 명호를 듣게 하고, 또한 수면 중에도 부처님의 명호로써 그 귀가 깨이도록 하겠나이다.

세존이시여!

만약에 이 경을 수지독송하거나, 혹은 타인을 위하여 설법을 해주거나, 스스로 쓰거나 타인이 쓰도록 가르치거나, 공경하고 존중하여 여러 종류의 꽃향, 즉 도향, 말향, 소향과 화만, 영락, 깃발과 악기로 공양을 올리고, 오색의 비단으로 주머니를 만들어 깨끗한 곳에 물 뿌리고 쓸고 높은 자리를 만들어 경을 놓고 사용을 하면, 그때에 4대천왕과 그 권속들 및 무수한 백천의 하늘 대중들이 모두 그곳에 나아가 공양하고 옹호할 것입니다.

세존이시여!

만약에 이 보배로운 경이 유행하는 곳에서 능히 수지하고, 저 세존 약사유리광여래의 본원공덕 및 명호를 들으면, 마땅히 알아야 할 것입니다. 이곳에는 다시 횡사가 없고 또한 모든 악 귀신들이 그 정기를 빼앗지도 못할 것입니다. 가령 이미 정기를 빼앗긴 자도 다시 되돌려 받을 수 있는 고로, 몸과 마음이 안락할 것입니다."

부처님께서 문수사리에게 말씀하시길,

"그와 같고 그와 같으니라! 너의 말 그대로이니라.

문수사리야!

만약에 선남자 선여인 등이 저 세존 약사유리광여래께 공양[15]을 올리고자 하면, 우선 저 부처님의 형상을 조성하고 청정한 자리를 만들어 저 부처님을 안치하고, 여러 가지 꽃을 놓고 여러 가지 향을 사루고, 여러 가지 깃발로 그곳을 장엄하고, 7일 낮과 7일 밤 팔재계를 지니고, 청정한 음식을 먹고, 향으로 깨끗이 닦아 목욕하고,

---

15 공양: 3종류의 공양이 있다.

①재공양財供養: 이공양利供養이라고 한다. 이는 세간의 물건으로써 불·보살님께 혹은 승단에 봉헌함을 의미한다.

②법공양法供養: 경공양敬供養이라고 한다. 부처님 가르침의 교법에 의해 일체 모든 행行을 함으로써, 보살행을 저버리지 않고 항상 보리심을 갖는 것이 곧 모든 불·보살님께 공양을 한다는 의미이다.

③관행공양觀行供養: 행공양行供養이라고 한다. 중도묘관中道妙觀에 의해 일념의 마음을 관하여, 삼제三諦의 법을 구족하고, 마음에 걸림이 없고, 중생과 부처가 평등불이平等不二이며, 번뇌생사가 곧 보리열반菩提涅槃이고, 생각생각 관함이 바로 모든 불·보살님께 공양예배하지 않음이 없다.

청정한 옷을 입고, 응당 혼탁함과 더러움이 없는 마음을 내고, 상해하거나 성냄이 없는 마음을 일으켜 일체 중생들이 이익되고 안락하게 해야 하느니라.

자비·희사·평등의 마음으로 즐거이 북을 치고 찬탄의 노래를 부르며, 불상을 오른쪽으로 돌며 마땅히 저 여래 본원공덕을 염[16]하고, 이 경을 독송하면서 그 깊은 뜻을 사유하고 그 연설을 열어 보이며, 그곳에서 즐거이 기도를 하면 일체 모든 것이 따르느니라. 장수를 구하면 장수를 얻을 것이요, 부유함을 구하면 부유함을 얻을 것이요, 관직의 자리를 구하면 관직의 자리를 얻을 것이요, 남녀를 구하면 남녀를 얻을 것이니라.

만약에 또한 어떤 사람이 갑자기 악몽을 꾸어 악상을 보거나 혹은 괴상한 새들이 와서 모여들거나 혹은 머무는 곳에 백 가지 괴상한 것들이 나타나더라도, 이 사람이 만약에 많은 묘한 재물을 갖추어 저 세존 약사유리광여래께 공양 공경하면, 악몽·악상의 모든 길상하지 않은 것들이 모두 없어져 환란이 있을 수 없느니라. 혹은 물, 불, 칼, 독, 절벽, 악한 코끼리, 사자, 호랑이, 여우, 곰, 독사, 전갈, 지네, 그리마(뱀 종류), 등에, 모기 등에 두려움이 있더라도 만약에 능히 지극한 마음으로 저 부처님을 생각하고 공경 공양하면 일체의 두려움으로부터 모두 벗어나 느니라. 만약에 다른 나라가 침략하거나 도적이나 반란이 있더라도 저 여래를 지심으로 염하고 공경하면 또한 모두 벗어나느니라.

다시 문수사리야!

만약에 청정한 신심이 있는 선남자나 선여인 등은 형상이 다할 때까지 다른 하늘을 섬기지 않고 오직 일심으로 불법승에 귀의하고 계율을 수지하여야 한다. 혹 5계, 10계, 보살4백계, 비구250계, 비구니5백계를 수지하는 중에, 혹은 깨뜨리고 범하여 악도에 떨어질까 두렵더라도 만약에 능히 저 부처님 명호를 일심으로 염하고 공경 공양하는 이는 결코 삼악도에 태어나지 않느니라. 혹 여인이 출산시에 극한 고통이 있을 때 만약에 능히 지극한 마음으로 명호를 부르고 예를 올리며 찬탄하고

---

16 念: 마음속에서 법신불法身佛, 혹은 자성불自性佛을 염송하는 관행觀行을 의미한다.

저 부처님을 공양하고 공경하는 자는 많은 고통들이 모두 소멸되느니라. 그가 낳은 자식도 신분을 구족하고 생김새가 단정하며 보는 사람들이 환희심을 내고, 근기가 총명하고 병이 적고 안온하며, 그의 정기를 빼앗는 악귀가 없느니라."

이때에 세존께서 아난에게 말씀하시길,

"내가 칭양한 것과 같이, 저 부처님 세존 약사유리광여래가 가진 바 공덕은 모든 부처님들이 깊고 깊이 행한 바이어서 이해하고 알기 어렵다. 너는 믿을 수 있겠느냐?"

아난이 부처님께 말씀올리길,

"덕 높으신 세존이시여!

저는 여래께서 말씀하신 경의 뜻에 의심을 일으키지 않습니다. 어떠한 이유냐 하면, 일체 여래의 몸과 말씀과 뜻과 행에는 청정하지 아니한 것이 없기 때문입니다.

세존이시여!

해와 달의 수레가 떨어지고 묘고산왕이 기울어 움직일지라도 모든 부처님께서 말씀하신 바는 다를 바가 없나이다.

세존이시여!

어떤 중생이 신심의 근기가 부족하여 모든 부처님의 깊고 깊이 행하는 바를 듣고서도 이와 같이 생각을 하되, '어찌 단지 약사유리광여래 한 분의 명호를 염불하여 곧 공덕과 수승한 이익을 얻을 수 있을까?' 하나이다. 이러한 불신으로 말미암아, 역으로 비방하게 되어 저 긴 세월 동안 큰 이익과 즐거움을 잃어버려 모든 악도에 떨어져 끊임없이 윤회하나이다."

부처님께서 아난에게 말씀하시길,

"모든 중생들이 만약에 세존 약사유리광여래의 명호를 듣고 지극한 마음으로 수지하고 의심을 일으키지 않으면 악도에 떨어지는 일은 없느니라.

아난아!

이것은 모든 부처님들이 깊고 깊이 행하는 바로, 확실하게 이해하기는 어려운 것이니라. 너는 지금 능히 수지하고 마땅히 여래의 모든 위신력을 알아야 하느니라.

아난아!

일체 성문·독각 및 아직 지위에 오르지 못한 보살들은 모두 실로 여실히 이해하지 못하고 믿지 않느니라. 다만 일생만 얽매여 있는 보살〔보처보살〕은 제외하니라.

아난아!

사람 몸 받기도 어려웁고, 삼보께 신심과 존경으로 공경하기도 어려우며, 또한 세존 약사유리광여래의 명호를 듣기는 더욱 어려우니라.

아난아!

저 약사유리광여래의 무량한 보살행과 한량없는 착하고 지혜로운 방편과 무량하고 광대한 원은 내가 일겁이나 혹은 일겁 이상을 널리 설하더라도 겁이 빠르게 지나가 다할지라도 저 부처님의 행원과 선교방편은 다함이 없느니라."

이때에 대중 가운데 한 분의 보살마하살이 계셨는데, 이름은 구탈로 자리에서 일어나 오른쪽 어깨를 드러내고 오른쪽 무릎을 땅에 대고 합장하고 몸을 굽혀 부처님께 아뢰길,

"덕 높으신 세존이시여!

상법시대가 전환될 때, 모든 중생들은 여러 가지 환란의 고액을 받습니다. 오랜 병으로 파리하게 마르고, 음식을 먹을 수도 없으며, 목과 입술이 건조합니다. 모든 방위가 어둡게 보이고, 죽음의 모습이 눈앞에 나타나자 부모, 친지, 친구, 스승이 둘러싸고 눈물을 흘리며 울고 있습니다. 그러나 그 자신의 몸은 본래의 곳에 누워 있고 염마의 사자가 그 정신을 이끌어 염마법왕의 앞에 다다르는 것을 봅니다. 그리고 모든 중생들은 구생신[17]이 있어, 죄가 있거나 복이 있거나 지은 바에 따라 모두 갖추어 기록하여 염라법왕에게 다 가져가 바칩니다. 이때에 염마왕이 그 사람에게 물어 그가 한 일들을 계산하여 그의 죄와 복에 따라 처리합니다. 이때 저 병자의 친속이나 선지식이 능히 세존 약사유리광여래께 귀의하고, 모든

---

17 俱生神: 사람의 양쪽 어깨에 있으면서 각각 그 사람이 행한 선악의 모든 행위를 기록하여 염마왕에게 보고한다는 두 신.

스님들을 청하여 이 경을 전심으로 독송하며, 7층의 등을 밝히고 5색 연명의 기〔神幡〕[18]를 매달면, 혹은 저 정신이 되돌아오기도 하여 마치 꿈속에 있을 때와 같이 명확하게 스스로를 보게 됩니다. 혹은 7일이 경과한 후, 혹은 21일, 혹은 35일, 혹은 49일이 지나서 저 정신이 되돌아 왔을 때, 꿈으로부터 깨어남과 같이 선업과 불선업으로 얻는 과보를 모두 자신이 기억하고 압니다. 업에 따라 받는 과보를 스스로 보고 체득한 고로, 또한 목숨이 어지럽다는 것을 체득한 고로 역시 모든 악업을 다시 짓지 않습니다. 이와 같은 고로 모든 선남자 선여인 등은 모두 마땅히 약사유리광여래의 명호를 수지하고 각자 능력에 따라 맞게 공경 공양해야 합니다.”

이때에 아난이 구탈보살님께 여쭙기를,

“선남자여!

응당 어떻게 저 세존 약사유리광여래께 공경 공양을 해야 하며, 속명(목숨을 이어감)의 깃발과 등은 또한 어떻게 만들어야 합니까?”

구탈보살님께서 말씀하시길,

“대덕이여!

만약에 앓고 있는 자가 있는데 병고로부터 벗어나고자 한다면, 마땅히 그 병자를 위하여 7일 낮 7일 밤 8재계를 지키고, 응당 자기 능력에 맞게 비구스님들에게 음식과 필요한 물건들을 공양하십시오. 저 세존 약사유리광여래께 주야 6시[19]로 예배공양을 하고, 이 경을 49편 독송하며, 그 후 49개의 등과 저 여래의 형상 7구를 조성하여, 하나하나의 형상 앞에 각각 7개의 등을 놓습니다. 하나하나 등들의 크기는 마치 수레의 바퀴와 같이 크게 하고, 49일간 광명이 끊이지 않으며, 길이가 49걸수(49뼘)인 오색 비단 깃발을 만들고, 응당 여러 중생들을 놓아주되 49에 이르면 능히 액난의 위험으로부터 벗어날 수 있고, 횡액을 입거나 악귀에게 잡히지

---

18 번幡: Pataka의 의역意譯. 신번神幡으로써, 불·보살님의 위덕을 상징하며 항마降魔의 의미를 지닌다.
19 육시六時: 낮과 밤을 6으로 분류한 시간을 말한다. 즉 일출·정오·일몰의 낮 3시三時와 초야·중야·후야의 밤3시三時를 합하여 육시六時라 하며, 육시에 반드시 부처님께 예배와 참회를 해야 한다. 이를 육시예불이라 하며, 예배와 참회로써 죄업을 소멸한다는 의미이다.

않게 됩니다.

다시 아난이여!

찰제리와 관정왕 등에게 재난이 일어나는 때가 있으니, 소위 백성들의 돌림병의 재난, 다른 나라에서 침입해 오는 재난, 자국 내의 반역의 재난, 별자리들의 변괴의 재난, 해와 달이 박식(일식과 월식)하는 재난, 때가 아닌 때에 바람과 비가 오는 재난, 때가 지나도 비가 안 오는 재난입니다. 이때에 저 찰제리와 관정왕 등은 마땅히 일체 중생들에게 자비심을 일으켜 모든 묶이고 갇힌 자들을 용서하고, 앞에서 말한 공양의 법에 의해 저 세존 약사유리광여래께 공양을 해야 합니다. 이 선근과 저 여래의 본원력으로 말미암아 그 국가는 안온해지게 되고, 바람과 비가 순조로와 곡식들이 제때에 잘 익고, 일체 중생들이 무병으로 안락합니다. 그 국가 내에는 중생들을 괴롭히는 잔인하고 난폭한 야차귀들이 없으며, 일체 악상이 모두 없어지고, 찰제리와 관정왕 등도 수명과 체력이 무병 자재하여 모두 요익하게 됩니다.

아난이여!

만약에 제후, 왕비, 군주, 왕자, 대신, 재상, 궁녀, 백관, 서민 등이 병고나 여타 액난이 있으면, 역시 오색의 신번을 만들고 연등을 밝히며, 모든 생명들을 놓아주고 갖가지 색의 꽃을 뿌리고 여러 이름난 향들을 사루면, 병을 치유하게 되고 여러 어려움으로부터 벗어나게 됩니다."

이때에 아난이 구탈보살에게 묻기를,

"선남자여!

어떻게 하면 이미 다한 수명을 늘어나게 할 수 있습니까?"

구탈보살이 답하길,

"대덕이여!

당신은 어찌 여래께서 말씀하신 9가지 횡사[九橫][20]는 듣지 못했습니까? 이 때문에

---

20 구횡九橫: 명命이 다하기 전에 죽지 않아야 할 사람이 죽음을 당하는 것을 횡사라 한다. 구횡이란

목숨을 잇는 번과 등을 만들고 모든 복덕을 닦도록 권장하며, 복덕을 닦는 고로 그 수명이 다하여도 고난과 환란을 겪지 않을 것입니다."

아난이 묻기를,

"구횡이란 어떠한 것입니까?"

구탈보살이 말하길,

"중생들이 비록 가벼운 병을 얻었으나 의사와 약과 간병자가 없고, 설령 의사를 만나도 약이 아닌 것을 받아, 실로 죽지 않아야 함에도 불구하고 횡사를 합니다. 또한 세간의 사마외도와 요망한 사람을 스승으로 믿어, 망령되이 화와 복을 설함에 곧 두려움이 생겨 마음이 스스로 바르지 못하며, 점을 쳐 묻고 화를 구하여 가지가지의 중생들의 생명을 죽여 신중에게 벗어나게 해달라고 빌고, 모든 망량을 불러 복과 도움을 구걸하여 청하고 수명이 연장되길 바라고 바라지만 결국 얻지 못합니다. 어리석고 미혹하여 삿되고 뒤바뀐 견해를 믿어 마침내 횡사하여 나올 기한이 없는 지옥으로 들어가게 됨을 이름하여 첫째 횡사라 합니다. 둘째는 왕법에 의해 사형을 당하여 횡사함을 말합니다. 셋째는 사냥을 좋아하고 주색과 술에 깊이 빠져 방일하여 제도하지 않으니 잡귀들이 그의 정기를 빼앗아 횡사함을 말합니다. 넷째는 불에 타 횡사함을 말합니다. 다섯째는 물에 빠져 횡사함을 말합니다. 여섯째는 가지가지의 악한 짐승들에게 잡아먹히는 횡사를 말합니다. 일곱째는 산의 벼랑에서 떨어져 횡사함을 말합니다. 여덟째는 독약 혹은 나쁜 기도와 저주, 기시귀 등에게 해를 당하여 횡사함을 말합니다. 아홉째는 굶주림과 목마름에 괴롭지만 음식을 얻지 못하여 기근으로 횡사함을 말합니다.

이와 같은 9종류의 횡사를 여래께서 간략하게 말씀하셨습니다. 이외에도 무량한 많은 횡사가 있지만 다 말하기는 어렵습니다.

다시 아난이여!

9가지의 횡사를 말한다. ① 득병무의得病無醫 ② 왕법주육王法誅戮 ③ 비인탈정지非人(妖怪)奪精氣 ④ 화분 火焚 ⑤ 수익水溺 ⑥ 악수담惡獸啖 ⑦ 타애墮崖 ⑧ 독약주저毒藥咒咀 ⑨ 기갈소인饑渴所因.

저 염마왕은 세간 명부의 기록을 관장하는 대왕입니다. 만약에 불효와 5역죄를 짓거나, 삼보를 파괴하고 욕보이거나, 임금과 신하의 법을 깨는 등 중생들이 믿음과 계율을 훼손하면 모두 염마왕이 죄의 가볍고 무거움에 따라 그를 처벌합니다. 이러한 고로 내가 지금 모든 중생들에게 권하나니, 등을 만들고, 번을 만들고, 방생하여 복을 닦으면, 고액으로부터 벗어날 수 있고 여러 어려움을 만나지 않게 될 것입니다."

이때에 대중 가운데는 12야차대장[21]이 다 같이 모여 앉으니, 이른바 궁비라대장, 벌절라대장, 미기라대장, 안저라대장, 알이라대장, 산저라대장, 인달라대장, 파이라대장, 마호라대장, 진달라대장, 초두라대장, 비갈라대장이다. 이 12야차대장은 각각 7천의 야차가 권속으로 있었는데, 동시에 소리를 높여 부처님께 말씀드리길,

"세존이시여!

저희들은 지금 부처님의 위신력을 받아 세존 약사유리광여래의 명호를 듣게 되었사오니, 다시는 악도의 두려움이 없을 것입니다. 저희들은 서로 이끌어 모두 한 마음이 되어 목숨이 다할 때까지 불·법·승에 귀의하겠습니다. 응당 일체 중생들을 위하여 책임지고, 의리·요익·안락하게 하도록 맹세하겠습니다. 촌락, 성, 국가, 읍, 시골 산림의 한적한 곳에 따라, 만약에 이 경을 널리 유포하거나, 혹은 약사유리광여래의 명호를 수지하거나 공경 공양하는 자에게는, 저와 제 권속들이 옹호하여 모두들 일체 고난으로부터 벗어나게 하겠으며, 원하여 구하고자 하는 바를 모두 만족하게 하겠습니다. 혹은 질병의 액난이 있어 벗어나기를 원하는 사람은, 또한 이 경을 독송하고 역시 5색실로 저희들의 이름을 연결하면, 원하는 바도 자연히 해결될 것입니다."

이때에 세존께서는 모든 야차대장들을 찬탄하시며 말씀하시길,

---

21 12야차대장: 약사12신장神將, 12신왕神王, 12신장神將이라 하기도 한다. 즉 약사여래의 권속眷屬으로 약사경을 수지·독송하는 자를 옹호하고 보호하는 12신장을 말하며, 약사여래의 분신分身이기도 하다. ①궁비라(금비라) ②벌절라(발저라) ③미기라(미겁라) ④안저라 ⑤알이라(말이라) ⑥산저라 ⑦인달라(인타라) ⑧파이라 ⑨마호라 ⑩진달라(진지라) ⑪주두라(도라) ⑫비갈라(비가라).

"착하고 착하다. 대 야차대장이여! 너희들이 세존 약사유리광여래의 은덕에 보답하고자 마음을 내니, 당연히 일체 중생들에게 이익되고 안락하게 함이니라."

이때에 아난이 부처님께 여쭙길,

"세존이시여! 이 법문의 이름은 무엇이라 하고, 저희들이 어떻게 받들어 봉행해야 합니까?"

부처님께서 아난에게 말씀하시길,

"이 법문의 이름을 「약사유리광여래본원공덕」이라 하고, 또한 「12신장요익유정결원신주」라 이름하고, 또한 「발일체업장拔一切業障」이라 이름하니 마땅히 이와 같이 지녀야 한다."

이때 부처님께서 말씀을 마치셨고, 모든 보살마하살 및 대성문, 국왕, 대신, 바라문, 거사, 천, 룡, 야차, 건달바, 아수라, 가루라, 긴나라, 사람〔人〕, 비인非人 등등 일체 대중들이 부처님의 말씀을 듣고 모두 대 환희심으로 믿고 받아 봉행하였다.

釋法性(趙明淑)

서울 출생. 대만臺灣 보인대학교(Fu Jen Catholic University) 철학과 졸업, 문학사(B. A.)학위 획득. 同校 철학연구소 석사과정 졸업, 문학석사(M.A.)학위 획득. 同校 철학연구소 박사과정 졸업, 철학박사(Ph.D.) 학위 획득. 대한불교조계종 포교원 포교연구실 사무국장 역임.

주요 논문으로 〈宗密思想初探〉〈象山과 宗密「存有根源」思想의 比較硏究〉〈莊子의 美學〉 등이 있으며, 譯·著書로《불자가 꼭 읽어야 할 기본경전》《마음을 관해야 진정한 깨달음에 들 수 있다(觀心論)》《대승기신론》《어떻게 성불할 것인가(顯密圓通成佛心要集)》(共譯)《사망학》《선 수행자가 꼭 읽어야 할 대승선경》《선비요법경》등이 있다.

약사경 사경

초판 1쇄 발행 2007년 9월 15일 | 초판 3쇄 발행 2020년 12월 15일
釋法性 譯註 | 펴낸이 김시열
펴낸곳 도서출판 운주사

　　　(02832) 서울시 성북구 동소문로 67-1 성심빌딩 3층

　　　전화 (02) 926-8361 | 팩스 0505-115-8361

ISBN 978-89-5746-193-8 03220　값 5,000원

http://cafe.daum.net/unjubooks 〈다음카페: 도서출판 운주사〉